BREF SYLLABAIRE

OU

MÉTHODE

POUR APPRENDRE A LIRE EN DOUZE LEÇONS.

Par Ch.-M. S.***,

Ex-Élève-Maître de l'École normale de l'Aude,

INSTITUTEUR.

CARCASSONNE,

Imprimerie de C. LABAU, rue Royale, 21.

1847.

BREF SYLLABAIRE

OU

MÉTHODE

POUR APPRENDRE A LIRE EN DOUZE LEÇONS.

Par Ch.-M. S.***,

Ex-Élève-Maître de l'École normale de l'Aude,

INSTITUTEUR.

CARCASSONNE,

Imprimerie de C. LABAU, rue Royale, 21.

1847.

On nous fera bien des objections; nous répondons à l'avance : « *En* enseignement, LES RÉSUL- » TATS, voilà la valeur réelle des livres. Qu'on » emploie notre méthode, les résultats qu'on obtien- » dra justifieront son titre. »

BREF SYLLABAIRE

POUR APPRENDRE A LIRE EN DOUZE LEÇONS.

LEÇON I.ʳᵉ

VOYELLES SIMPLES.

a   o   i   u   e   é   è   y

VOYELLES COMPOSÉES.

eu   ou   oi   ai   ei   au

LEÇON II.

CONSONNES SIMPLES.

c ŋ m r v x z b

d p q g h k l j

f t s

LEÇON III.

ALPHABET MINEUR.

a b c d e f g h i j

k l m n o p q r s t

u v x y z

ALPHABET MAJEUR.

A B C D E F G H

I J K L M N O P

Q R S T U V X Y

Z

PRINCIPAUX SIGNES DE LA PONCTUATION,

—

,   ;   :   .

Virgule.   point-virgule.   deux points.   point.

?   !   ( )

point d'interrogation.   point d'exclamation.   parenthèze.

'   » »   •••••

apostrophe.   guillemets.   points suspensifs.

LEÇON IV.

SYLLABES DIRECTES.

ba	be	bé	bi	bo	bu
ca	—	—	—	co	cu
da	de	dé	di	do	du
fa	fe	fé	fi	fo	fu
ga	—	—	—	go	gu
ha	he	hé	hi	ho	hu
ja	je	jé	ji	jo	ju
la	le	lé	li	lo	lu
ma	me	mé	mi	mo	mu
na	ne	né	ni	no	nu
pa	pe	pé	pi	po	pu
ra	re	ré	ri	ro	ru
sa	se	sé	si	so	su
ta	te	té	ti	to	tu
va	ve	vé	vi	vo	vu
xa	xe	xé	xi	xo	xu
za	ze	zé	zi	zo	zu

LEÇON V.

SYLLABES INVERSES.

ab	ob	ib	eb	ub
ac	oc	ic	ec	uc
ad	od	id	ed	ud
af	of	if	ef	uf
aj	oj	ij	ej	uj
al	ol	il	el	ul
am	om	im	em	um
an	on	in	en	un
ap	op	ip	ep	up
ar	or	ir	er	ur
as	os	is	es	us
at	ot	it	et	ut
av	ov	iv	ev	uv
ax	ox	ix	ex	ux
az	oz	iz	ez	uz

LEÇON VI.

CONSONNES COMPOSÉES OU ARTICULATIONS.

br	cr	dr	fr
gr	pr	tr	vr
bl	cl	pl	fl
gl	chl	chr	ch
ph	qu	st	str

Nota. Faire successivement ajouter, par la pensée, les voyelles simples et les voyelles composées, après ces articulations.

LEÇON VII.

LECTURE.

NOTA. Le Maître fera, avant la lecture, les observations qui sont en tête de chaque leçon.

PRÉLIMINAIRES.

e — à la fin d'un mot ne se prononce pas.

er — se prononce *é* à la fin des mots, mais *è* dans le corps des mots et dans les suivants : *amer*, *cher*, *enfer*, *fer*, *hiver*, *mer*, *ver*.

es — se prononce *e* à la fin des mots, mais *è* dans les mots d'une syllabe.

s — entre deux voyelles se prononce *z*, mais *s* dans les mots suivants : *contresigner*, *désuétude*, *entresol*, *monosyllabe*, *parasol*, *préséance*, *présupposer*, *vraisemblable* et leurs dérivés.

nt — est nul à la fin de la troisième personne plurielle des verbes.

im — avant *m* se prononce *ime*.

in — avant *n* se prononce *ine*.

c, g — se prononcent *s, j*, avant *e* et *i*.

Lecture.

Ca-lyp-so ne pou-vait se con-so-ler du dé-part d'U-lys-se. Dans sa dou-leur, el-le se trou-vait mal-heu-reu-se d'ê-tre im-mor-tel-le. Sa grot-te ne ré-son-nait plus du doux chant de sa voix. Les Nym-phes, qui la ser-vaient, n'o-saient lui par-ler. El-le se pro-me-nait sou-vent seu-le sur les ga-zons fleu-ris, dont un prin-temps é-ter-nel bor-dait son î-le; mais ces beaux lieux, loin de mo-dé-rer sa dou-leur, ne fai-saient que lui rap-pe-ler le tris-te sou-ve-nir d'U-lys-se, qu'el-le y a-vait vu tant de fois au-près d'el-le. Sou-vent el-le de-meu-rait im-mo-bi-le sur le ri-va-ge de la mer, qu'el-le ar-ro-sait de ses lar-mes, et el-le é-tait sans ces-se tour-née vers le cô-té où le vais-seau d'U-lys-se, fen-dant les on-des, a-vait dis-pa-ru à ses yeux.

LEÇON VIII.

PRÉLIMINAIRES.

—

ir — sonne à la fin des mots.

ill — se prononce comme la dernière syllabe de *paille*.

ail — se lit *a-ill*.

Mentor — se lit *mintor*.

ç — se prononce *s*.

Les consonnes finales d'un mot ne sonnent pas.

Lecture.

Tout-à-coup, el-le a-per-çut les dé-bris d'un na-vi-re qui ve-nait de fai-re nau-fra-ge, des bancs de ra-meurs mis en piè-ces, des ra-mes é-car-tées çà et là sur le sa-ble, un gou-ver-nail, un mât et des cor-da-ges flot-tants sur la cô-te. Puis el-le dé-cou-vrit de loin deux hom-mes, dont l'un pa-rais-sait â-gé; l'au-tre, quoi-que jeu-ne, res-sem-blait à U-lys-se. Il a-vait sa dou-ceur et sa fier-té, a-vec sa tail-le et sa dé-mar-che ma-jes-tu-eu-se. La Dé-es-se com-prit que c'é-tait Té-lé-ma-que, fils de ce hé-ros ; mais quoi-que les Dieux sur-pas-sent de loin en con-nais-san-ce tous les hom-mes, el-le ne put dé-cou-vrir qui é-tait cet hom-me vé-né-ra-ble, dont Té-lé-ma-que é-tait ac-com-pa-gné. C'est que les Dieux su-pé-rieurs ca-chent aux in-fé-rieurs tout ce qui leur plaît, et Mi-ner-ve, qui ac-com-pa-gnait Té-lé-ma-que sous la fi-gu-re de Men-tor, ne vou-lait pas être con-nue de Ca-lyp-so.

LEÇON IX.

PRÉLIMINAIRES.

ez — se prononce *é.*

œu — se prononce *eu.*

L'accent circonflexe (ˆ) indique une voyelle longue.

On lie la consonne finale d'un mot avec le mot suivant immédiatement, si ce mot commence par une voyelle.

Lecture.

Ce-pen-dant, Ca-lyp-so se ré-jou-is-sait d'un nau-fra-ge qui met-tait dans son î-le le fils d'U-lys-se, si sem-bla-ble à son pè-re. El-le s'a-van-ce vers lui, et, sans fai-re sem-blant de sa-voir qui il est : D'où vous vient, lui dit-el-le, cet-te té-mé-ri-té d'a-bor-der dans mon î-le ? Sa-chez, jeu-ne é-tran-ger , qu'on ne vient point im-pu-né-ment dans mon em-pi-re ! El-le tâ-chait de cou-vrir , sous ces pa-ro-les me-na-çan-tes, la joie de son cœur, qui é-cla-tait mal-gré el-le sur son vi-sa-ge.

Té-lé-ma-que lui ré-pon-dit : O vous, qui que vous so-yez , mor-tel-le ou Dé-es-se ! (quoi-qu'à vous voir on ne puis-se vous pren-dre que pour u-ne di-vi-ni-té) se-riez-vous in-sen-si-ble au mal-heur d'un fils qui cher-chant son pè-re à la mer-ci des vents et des flots , a vu bri-ser son na-vi-re con-tre vos ro-chers ?

LEÇON X.

PRÉLIMINAIRES.

il — se prononce comme *ill*, dans *écueil*, *conseil.*

ée, ées — se prononce *é.*

gn — se prononce comme la dernière syllabe de *peigne*, excepté dans *stagnante* et ses dérivés , *igné*, *regnicole.*

y — après une voyelle, tient lieu de deux *i.*

— 14 —

Lecture.

Quel est donc vo-tre pè-re que vous cher-chez ?
re-prit la Dé-es-se. Il se nom-me U-lys-se, dit Té-
lé-ma-que. C'est un des rois qui, a-près un sié-ge de
dix ans, ont ren-ver-sé la fa-meu-se Troie. Son nom
fut cé-lè-bre dans la Grè-ce et dans tou-te l'A-sie
par sa va-leur dans les com-bats, et plus en-co-re
par sa sa-ges-se dans les con-seils. Main-te-nant,
er-rant dans l'é-ten-due des mers, il par-court tous
les é-cueils les plus ter-ri-bles. Sa pa-trie sem-ble
fuir de-vant lui. Pé-né-lo-pe sa fem-me, et moi,
qui suis son fils, nous a-vons per-du l'es-pé-ran-ce
de le re-voir. Je cours a-vec les mê-mes dan-gers
que lui, pour ap-pren-dre où il est. Mais que dis-je !
peut-être qu'il est main-te-nant en-se-ve-li dans les
pro-fonds a-bî-mes de la mer. A-yez pi-tié de nos
mal-heurs ; et si vous sa-vez, ô Dé-es-se ! ce que les
des-ti-nées ont fait pour sau-ver ou per-dre U-lys-se,
dai-gnez en in-strui-re son fils Té-lé-ma-que.

LEÇON XI.

PRÉLIMINAIRES.

tion — se prononce *cion*, excepté dans la première
personne plurielle des verbes, et dans les mots

suivants : *bastion* , *combustion* , *congestion* , *gestion* , *indigestion* , *mixtion* , *immixtion* , *question* , *suggestion* , et leurs dérivés.

La première syllabe de *dessus* et *dessous* est muette.

Le premier *es* de *lesquels* , de *desquels* et de leurs dérivés s e prononce *è*.

Lecture.

Calypso, étonnée et attendrie de voir dans une si vive jeunesse tant de sagesse et d'éloquence, ne pouvait rassasier ses yeux en le regardant, et elle demeurait en silence. Enfin, elle lui dit : Télémaque, nous vous apprendrons ce qui est arrivé à votre père ; mais l'histoire en est longue. Il est temps de vous délasser de tous vos travaux. Venez dans ma demeure, où je vous recevrai comme mon fils. Venez, vous serez ma consolation dans cette solitude , et je ferai votre bonheur, pourvu que vous sachiez en jouir.

Télémaque suivait la Déesse, environnée d'une foule de jeunes Nymphes, au-dessus desquelles elle s'élevait de toute la tête, comme un grand chêne , dans une forêt , élève ses branches épaisses au-dessus de tous les arbres qui l'environnent. Il admirait l'éclat de sa beauté, la riche pourpre de sa robe longue et flottante, ses cheveux noués par derrière négligemment, mais avec grâce ; le feu qui sortait de ses yeux, la douceur qui tempérait cette vivacité. Mentor, les yeux baissés, gardant un silence modeste, suivait Télémaque.

LEÇON XII.

PRÉLIMINAIRES.

—

ch — se prononce *k* dans *Bacchus*, *Choreite*, *chœur*, *orchestre*, *écho*, *catéchumènes*, *Achéloüs*, *Archonte*, *Archange*, *chaos*, *Nabuchodonosor*, *patriarchat*.

eu — se prononce *u* dans le verbe *avoir*.

th — se prononce *t*.

t — se prononce *s* avant *ie*, *ia*, excepté dans *hostie*, *modestie*, *pitié*, *amitié*, *amnistie*, *apprentie*, *matière*, *frontière*.

Lecture.

On arriva à la porte de la grotte de Calypso, où Télémaque fut surpris de voir, avec une apparence de simplicité rustique, tout ce qui peut charmer les yeux : il est vrai qu'on n'y voyait ni or, ni argent, ni marbre, ni colonnes, ni tableaux, ni statues; mais cette grotte était taillée dans le roc en voûtes pleines de rocailles et de coquilles. Elle était tapissée d'une vigne qui étendait également ses branches souples de tous côtés. Les doux zéphirs conservaient en ce lieu, malgré les ardeurs du soleil, une délicieuse fraîcheur. Des fontaines, coulant avec un doux murmure sur des prés semés d'amaranthes et de violettes, formaient, en divers lieux, des bains aussi purs et aussi clairs que le cristal. Mille fleurs naissantes émaillaient les tapis verts dont la grotte était environnée. Là on trouvait un bois de ces arbres touffus qui portent des pommes d'or, et dont la fleur, qui se renouvelle dans toutes les saisons, répand le plus doux de tous les parfums. Ce bois semblait couronner ces belles prairies, et formait une nuit que les rayons du soleil ne pouvaient percer. Là, on n'entendait jamais que le chant des oiseaux, ou le bruit d'un ruisseau qui, se précipitant du haut d'un rocher, tombait à gros bouillons pleins d'écume, et s'enfuyait au travers des prairies.

NOTA-BENE.

On mettra maintenant le *Télémaque* entre les mains des Élèves.

Le Maître aura le soin de faire, en temps opportun, toutes les prescriptions du *bon usage* que lui suggérera son intelligence, mais surtout les suivantes :

a — est nul dans *août*, *aoriste*, *Saône*.

o — est nul dans *paon*, *faon*, *Laon* (ville.)

x — se prononce comme *z* dans *deuxième*, *dixième*, *sixième* et leurs dérivés.

x — se prononce comme *ss* dans *Bruxelles*, *Auxerre*, *soixante* et les dérivés.

ai — se prononce comme *e* dans *faisant*.

ai — se prononce comme *a* dans *douairière*.

qua — se lit *coua* dans *aquatique*, *équateur*, *équation* *in-quarto*, *quadragénaire*, *quadrupède*, *quadruple*.

en — se lit *in* dans *ennemi*, *vient*, *convient*, et dans les finales *ien*, *yen*, *éen*, et dans *examen*, *hymen*.

em — se prononce *im* dans *Jérusalem*, *Sem*, *Béthléem*.

oe — se lit *oi* dans *moelle*, *moellon*.

Le Maître trouvera un grand avantage à donner la

signification des Noms, des Adjectifs et des Verbes, et de diviser, pendant quelque temps, la Leçon en trois parties :

1° Lecture du Bref syllabaire;

2° Décomposition des phrases en syllabes;

3° Lecture courante.

FIN.

www.ingramcontent.com/pod-product-compliance
Lightning Source LLC
Chambersburg PA
CBHW061800040426
42447CB00011B/2400